SAVAIS-TU?

Les Piranhas

SAVAIS-TU ?
Les Piranhas

Alain M. Bergeron
Michel Quintin
Sampar

Illustrations de Sampar

ÉDITIONS
MICHEL
QUINTIN

Catalogage avant publication de Bibliothèque et Archives
nationales du Québec et Bibliothèque et Archives Canada
Bergeron, Alain M.

   Les piranhas

   (Savais-tu?)
   Pour enfants de 7 ans et plus.

   ISBN 978-2-89435-380-6 (rel.)

   1. Piranhas - Ouvrages pour la jeunesse. 2. Piranhas - Ouvrages illustrés
   - Ouvrages pour la jeunesse. I. Quintin, Michel . II. Sampar.
   III. Titre. IV. Collection: Bergeron, Alain M. . Savais-tu?.

QL638.C5B47 2008   j597'.48   C2008-940160-3

Le Conseil des Arts du Canada
The Canada Council for the Arts

Patrimoine
canadien

Canadian
Heritage

La publication de cet ouvrage a été réalisée grâce au soutien
financier du Conseil des Arts du Canada et de la SODEC.
De plus, les Éditions Michel Quintin bénéficient de l'aide
financière du gouvernement du Canada par l'entremise du
Programme d'aide au développement de l'industrie de
l'édition (PADIÉ) pour leurs activités d'édition.

Gouvernement du Québec – Programme de crédit d'impôt
pour l'édition de livres – Gestion SODEC

ISBN 978-2-89435-380-6

Dépôt légal - Bibliothèque et Archives nationales du Québec, 2008
Dépôt légal - Bibliothèque et Archives Canada, 2008

Éditions Michel Quintin
C.P. 340, Waterloo (Québec)
Canada J0E 2N0
Tél.:   450 539-3774
Téléc.: 450 539-4905
www.editionsmichelquintin.ca

0 8 - W K T - 1

Imprimé en Chine

Savais-tu que les piranhas sont des poissons d'eau douce? On les retrouve seulement en Amérique du Sud.

Savais-tu que sur la trentaine d'espèces de piranhas qui existent, près de 4 seulement sont considérées comme dangereuses?

Savais-tu que certains de ces poissons peuvent mesurer jusqu'à
60 centimètres de longueur?

Savais-tu que les piranhas ont des mâchoires très puissantes, pourvues de dents tranchantes comme des lames de rasoir?

Savais-tu que la plupart des espèces vivent en groupe? Certains bancs peuvent compter plusieurs milliers de piranhas.

Savais-tu que l'alimentation des piranhas varie selon leur espèce, leur âge, la saison et la disponibilité de la nourriture?

Savais-tu que la plupart des piranhas mangent, en plus des poissons, des mammifères, des oiseaux, des reptiles et des insectes?

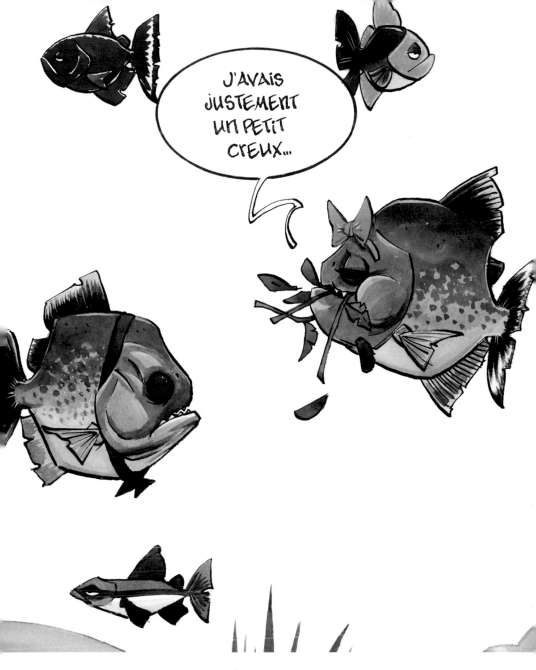

Savais-tu que toutes les espèces de piranhas mangent des végétaux, comme des fruits, des graines, des fleurs et des feuilles?

Savais-tu qu'il y a même des espèces qui sont presque exclusivement végétariennes?

Savais-tu que certaines espèces se nourrissent des nageoires et des écailles d'autres poissons?

Savais-tu que la plupart des piranhas sont des charognards? Cela signifie qu'ils mangent des animaux en décomposition.

Savais-tu que beaucoup de piranhas sont cannibales? C'est pour cette raison qu'ils se tiennent en groupes de même grosseur. Ils minimisent ainsi les chances d'être facilement dévorés par un plus gros qu'eux.

Savais-tu que c'est aussi pour éviter de se faire dévorer qu'ils se déplacent tous dans la même direction, en prenant soin de n'avoir aucun autre piranha derrière eux?

Savais-tu que les piranhas sont attirés par l'odeur du sang et que cela les rend frénétiques?

Savais-tu qu'ils sont aussi attirés par les mouvements brusques de l'eau? Ils détectent immédiatement tout ce qui y tombe.

Savais-tu qu'en quelques minutes seulement, ils peuvent dévorer une vache tombée à l'eau, ne laissant que le squelette derrière eux?

Savais-tu que lorsqu'ils mangent, ils se mordent souvent les uns les autres?

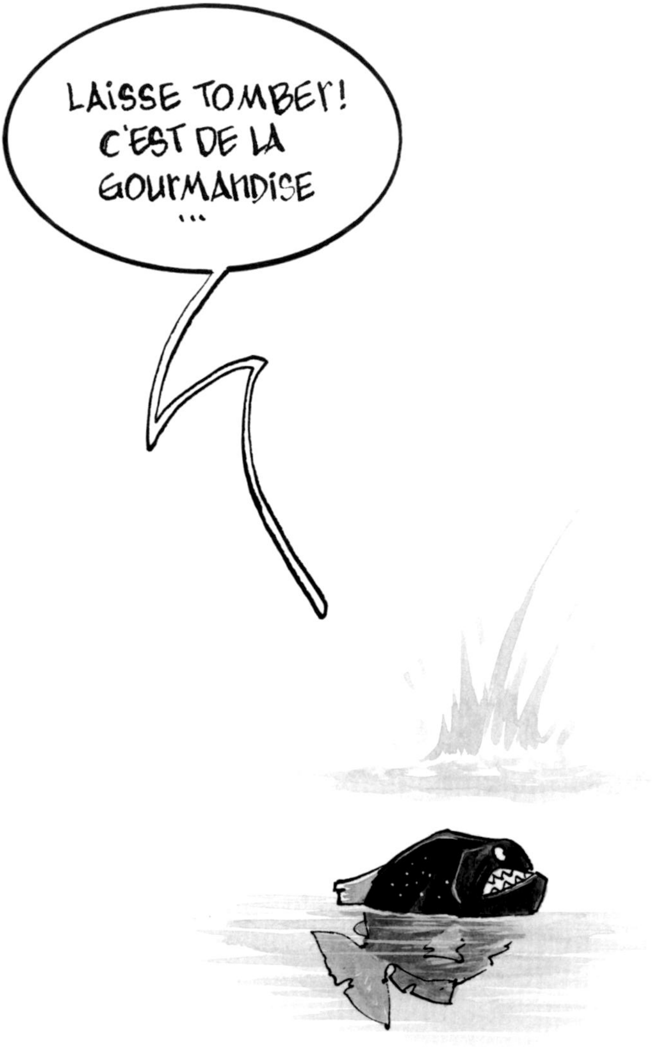
LAISSE TOMBER! C'EST DE LA GOURMANDISE ...

Savais-tu qu'il arrive fréquemment qu'un piranha bondisse hors de l'eau pour attraper une proie?

Savais-tu que quelques espèces seulement peuvent s'attaquer aux gros animaux, incluant peut-être l'être humain?

Savais-tu que de façon générale on exagère leur agressivité vis-à-vis de l'homme? Il n'y aurait en effet aucune preuve sérieuse qu'un humain aurait été tué par des piranhas.

Savais-tu que même s'il est vrai que quelques espèces sont très dangereuses, beaucoup d'autres sont inoffensives?

Savais-tu qu'ils ont différentes méthodes de chasse? Il y a l'embuscade, l'approche à découvert en feignant l'indifférence, la poursuite, etc.

Savais-tu que pour attraper d'autres poissons, les piranhas vont d'abord manger leur nageoire caudale? Certains scientifiques croient que cette amputation est une tactique de chasse visant à enlever à leur proie tout moyen de fuite.

Savais-tu que les piranhas sont actifs le jour seulement? La nuit, ils se reposent, cachés dans la végétation.

Savais-tu que les petites espèces de piranhas peuvent être la proie de plusieurs espèces d'oiseaux et de poissons?

Savais-tu qu'à part le caïman, les humains et les autres piranhas, les grosses espèces ont très peu d'ennemis?

Savais-tu que les piranhas peuvent vivre de 10 à 15 ans?

Savais-tu qu'ils sont très utiles en contribuant à l'assainissement des rivières?

Savais-tu qu'en nettoyant les rivières des poissons malades, les piranhas contrôlent ainsi les épidémies?

SAVAIS-TU qu'il y a d'autres titres?

Les Dinosaures

Les Crapauds

Les Rats

TOUT EN **COULEURS**